AF349670

UN CAPITAINE IMPROVISÉ

SINGULIERS EXPLOITS

D'UN

CAPITAINE DE NAVIRE MARCHAND

1730-1731

PAR

LÉON VIGNOLS

TYPOGRAPHIE OBERTHUR, A RENNES

1892

Extrait des *Annales de Bretagne*.

UN CAPITAINE IMPROVISÉ

SINGULIERS EXPLOITS

D'UN

CAPITAINE DE NAVIRE MARCHAND

1730-1731

I

En étudiant l'histoire de notre commerce maritime au XVIIIe siècle, nous avons constaté fréquemment, d'après les rôles d'équipages, la présence, dans l'état-major des navires marchands, d'un ou de plusieurs parents des armateurs, et même de leurs propres fils. Ces derniers surtout devenaient rapidement capitaines. Il est vrai que leurs pères avaient soin de les faire naviguer de bonne heure, quand ils voulaient en faire des commandants [1]. C'est qu'en ce temps-là les risques matériels de la navigation étaient bien plus grands que de nos jours, la baraterie frauduleuse [2] plus fréquente, la subordination et la fidélité des équipages bien moindres. En principe, un armateur avait intérêt

---

1. Très souvent les armateurs au cabotage et surtout les propriétaires des petits côtiers commandaient eux-mêmes leurs bâtiments. Mais jamais un long-courrier n'était commandé par son armateur (retenu à terre par des occupations multiples, par des intérêts supérieurs).

2. « Crime dont un capitaine se rend coupable en prévariquant dans son état. » (Emerigou, *Traité des assurances*, Marseille, 1783, 2 in-4°; tome I, p. 366).

à confier le commandement d'un navire à un proche parent, plus intéressé qu'un étranger à la fortune de la famille et susceptible d'avoir plus d'autorité morale sur l'équipage. Mais, soit aveuglement soit faiblesse, un père donnait trop facilement la direction d'un vaisseau à un jeune homme de peu d'expérience et incapable d'inspirer grand respect à ses subordonnés. Mieux eût valu l'embarquer une ou deux fois sans grade, pour qu'il apprît la pratique de la navigation et du commandement par la simple observation d'abord.

Le népotisme n'était pas seulement une injustice, c'était une faute qui pouvait avoir de funestes conséquences. En voici une preuve :

Le 19 décembre 1783 partait de Bordeaux pour le Sénégal le navire les *Deux Amis*, capitaine Carsin. Le second du vaisseau était un jeune homme, fils de l'armateur. Le 7 janvier 1784, ciel pur, mer calme, le navire talonna soudain sur un haut-fond avec une telle violence, que le grand mât failli être rompu. C'était le résultat de fausses manœuvres ordonnées par le présomptueux lieutenant pendant son quart. On était alors près du cap Noun, au sud-ouest du Maroc. Dix jours plus tard, dans la nuit du 16 au 17, le second étant de nouveau de service, le vaisseau donna vent arrière contre des rochers de la côte saharienne et s'y entr'ouvrit. Ses débris et ceux de la cargaison furent pillés par les Maures. Quelques naufragés furent massacrés; les autres, capturés et traités avec sauvagerie, ne purent être délivrés (par les soins de notre vice-consul au Maroc et de quelques négociants français) qu'après 76 jours d'esclavage [1].

Rarement l'incapacité d'un fils d'armateur avait de ces suites terribles. Elle avait, d'ordinaire, pour conséquence, des gaspillages d'approvisionnement et d'argent, des retards, des actes d'indiscipline de l'équipage, et parfois des frasques du jeune capitaine. Le cas le plus topique sans doute en ce genre est celui

---

1. Follie : *Mémoire d'un français qui sort de l'esclavage*, 1785, Amsterdam et Paris, in-8° de II + 95 pp.

du sieur Le Brun du Vallion, de Saint-Malo. La victime de Le Brun, son associé Noble homme [1] Louis Maugeis, négociant et armateur, l'a conté mélancoliquement dans une plainte longuement motivée, adressée au siège de l'amirauté de Saint-Malo en 1732. Je vais rapporter, en l'abrégeant, cet acte d'accusation.

II

J'ai eu le malheur de contracter société par moitié avec le sieur Le Brun du Vallion, fils de Le Brun de la Franquerie, négociant en notre ville, en vue d'une expédition commerciale à la côte de Guinée et aux Antilles.

« Il fut passé un acte de société entre le suppliant [Maugeis] et ledit sieur du Vallion, au rapport de M⁰ Pitot, notaire en cette ville, en date du 17 février 1730, par lequel [acte] ledit du Vallion Le Brun s'obligea de remplir la moitié de la somme à laquelle se monterait la « mise-hors [2] » du navire la *Marie-Anne*, qui allait naviguer pour le compte de l'association.

J'avais confié le commandement du navire à du Vallion, mais avec cette réserve expressément stipulée, que le sieur Fresnel du Clos, lieutenant, aurait « seul la faculté de faire la traite sans aucune participation dudit du Vallion Le Brun, auquel » était « uniquement accordée la faculté de conduire le navire » et encore « en prenant conseil non seulement dudit sieur Fresnel mais encore des autres officiers qui composaient l'état-major dudit navire. » Mais quand je montrai mes ordres ainsi rédigés au sieur de la Franquerie, il me fit observer que cet arrangement était humiliant pour du Vallion, que celui-ci aurait à bord une autorité purement nominale. J'objectai « au sieur de la Fran-

---

1. La qualification de « Noble homme » n'avait pas plus de valeur nobiliaire que celle « d'Honorable homme ; » la prenait qui voulait.

2. « Mise-hors, » terme de commerce : argent déboursé, avancé pour les frais d'une entreprise.

querie que son fils était un jeune homme sans l'expérience requise pour mériter la direction d'une affaire de cette importance ; que si au cours du voyage » il faisait preuve d'une conduite réglée, je lui donnerais par la suite des pouvoirs plus étendus. M. de la Franquerie, pour m'engager à modifier la rédaction de mes ordres, me donna à plusieurs reprises « sa parole d'honneur de répondre personnellement des faits de son dit fils. » Il exigea de moi, du reste, « la même parole d'honneur de lui répondre personnellement des faits dudit sieur du Clos Fresnel, » mon beau-frère. M. de la Franquerie ne peut disconvenir de tout cela sans violer la vérité. — Je fis alors de nouveaux ordres, qui furent signés en triple par Le Brun du Vallion, Fresnel et moi. Ces ordres portaient notamment « que le sieur Le Brun travaillerait de concert avec le sieur du Clos Fresnel. »

L'armement de la *Marie-Anne* parachevé, sa mise-hors se trouva monter à la somme de 60,406 l. 2 s. 3 d., suivant le compte que j'en rendis alors.

Du Vallion était incapable de payer seul sa moitié de cette somme. Il chercha des personnes disposées à prendre intérêt dans le navire ; mais toutes ses démarches faites, il lui manquait plusieurs milliers de livres. Le sieur Bougie consentit à lui en prêter 5,000, à condition que je serais caution de l'emprunteur. Pour montrer ma bienveillance à celui-ci « et l'engager à remplir son devoir avec honneur, » j'acceptai la lettre de change que M. Bougie tira sur moi à 18 usances [1], sous l'indemnité dudit Le Brun du Vallion de payer à l'échéance ladite traite » en mon lieu et place. A l'échéance, M. Bougie me demanda le paiement de la traite. Je n'avais en main aucun fonds de du Vallion, mais comptant sur la parole d'honneur de Le Brun père, je lui écrivis afin qu'il acquittât cette dette. Il me fit « uniquement dire par son commis qu'il n'entrerait directement ni indirectement dans les faits de son fils. » A la requête du sieur Bougie, je fus actionné

---

1. En France, une ordonnance de mars 1673 avait fixé l'usance à 30 jours (Savary, *Dictionnaire de commerce*, Paris, 1741, au mot *Usance*).

au tribunal consulaire [1] de cette ville. De mon côté je fis assigner du Vallion, il fut condamné à me rembourser les 5,000 l. que je dus verser ès mains du sieur Bougie. Malheureusement, cette condamnation ne pouvait avoir aucun effet pratique [2].

J'ai perdu en outre 2,452 l. 18 s. que, d'après un compte courant parfaitement régulier, du Vallion me redevait « pour solde et balance » de sa moitié dans les frais. J'envoyai ce compte au sieur Le Brun fils aîné. Il me pria d'attendre le retour de son père, alors à Paris, m'assurant qu'aussitôt après cette somme me serait payée. « Mais, tant du côté des uns que des autres, ce n'a été qu'un tissu de fourberies, » et j'en suis encore à attendre mon argent.

Enfin j'avais confié au jeune capitaine et à son second, pour près de 3,000 livres de marchandises en pacotilles [3] propres à la traite de la cire, du morfil [4] et du bois de teinture, — leur cédant à chacun, sur cette affaire spéciale, un tiers du bénéfice, « comme le justifie la facture en date du 6 février 1730, par laquelle... ledit Le Brun du Vallion et ledit sieur Fresnel s'obligent de rapporter au suppliant la totalité du produit de ladite pacotille, pour en faire la vente et le partage de son produit. »

---

1. Le Consulat, juridiction consulaire ou tribunal consulaire dont il est question ici est dénommé maintenant tribunal de commerce, ce qui évite toute confusion avec la juridiction de nos consuls nationaux à l'étranger. Au XVIIIe siècle, « les Consuls [aujourd'hui juges des tribunaux de commerce] connaissent de tous différents entre marchands pour fait de marchandise. » Tel est le principe général. Mais ils sont incompétents, notamment en matière criminelle (banqueroutes frauduleuses) et quant au commerce sur mer; « ces sortes d'affaires sont attribuées à l'amirauté » par l'ordonnance de 1681 (Rogue, *Jurisprudence consulaire*, 1773, Angers, 2 in-12; 1er volume, pp. 14, 30 et 31). J'étudierai ailleurs la question des Consulats et des Amirautés.

2. On verra plus loin qu'à cette époque du Vallion avait déserté aux Antilles.

3. « Pacotille... signifie une certaine quantité de marchandises qu'il est permis aux officiers... et gens de l'équipage d'embarquer pour en faire commerce pour leur compte. La pacotille ne paye aucun fret, ni pour l'aller ni pour le retour. » (Savary, *op. cit.*, au mot *Pacotille*).

4. « Ce sont les dents d'éléphants en l'état qu'elles se traitent avec les nègres... Lorsque le morceau est coupé et travaillé, il s'appelle ivoire. » (Savary, *op. cit.*, au mot *Morfil*).

Les agissements du sieur du Vallion m'ont occasionné encore
des pertes sur cette affaire, comme sur bien d'autres, ainsi qu'on
va le voir.

La *Marie-Anne* ayant dû relâcher, paraît-il, à Guernesey,
sans doute à cause d'un grain violent à la sortie de la rade de
Saint-Malo, du Vallion fit déjà, dans cette île, de grosses
dépenses injustifiées, et pour les expliquer prétendit avoir perdu
un câble en rade.

En passant aux Canaries, il s'amouracha d'une créole des îles,
et, pour célébrer son mariage, fit tirer 101 coups de canon, toujours aux frais de l'armement.

« Le navire arrivé à la côte de Guinée, les sieurs du Vallion
et du Clos Fresnel commencent leur traite au lieu appelé le cap
de Lopès, — savoir de : 578 pains de cire pesant chaque pain
2 livres 1/4 à 2 livres 1/2, et 135 dents d'éléphants pesant
ensemble autour de 1,000 livres, — pour le compte de la société;
— et, pour partie des marchandises de ladite pacotille » dont
il a été question précédemment, « le nombre de 2,231 pains de
cire du même poids que ceux ci-dessus, et de 38 grosses dents
d'éléphants pesant autour de 1,000 à 1,100 livres, — suivant que
le suppliant l'a appris par la lettre qui lui a été écrite par ledit
sieur du Clos Fresnel, datée à la Martinique le 30 janvier 1731. »

A Loango, Le Brun « traita avec le sieur du Clos Fresnel, le
nombre de 166 nègres, négresses, négrillons et négrites [1], dont
il y en avait 6 pour le compte dudit du Vallion, quoiqu'il ne lui
en eût été accordé que 4 (sous la peine de confiscation desdits
nègres; de perte de ses salaires et autres peines, suivant qu'il est
établi par l'acte d'engagement qu'a souscrit ledit du Vallion Le
Brun). »

A la côte d'Angola, Le Brun « donna ordre secret à Saint-
Germain, lieutenant sur ledit navire la *Marie-Anne*, de vendre
en détail, à plusieurs capitaines et équipages anglais qui étaient

____

1. Jeunes négresses.

à traiter à ladite côte, des eaux-de-vie de la cargaison, ce que ledit Saint-Germain fit et distribua une botte [1] entière, qui fut payée par lesdits Anglais en guinées, bagues d'or, croix d'or et quelque poudre d'or. » Le tout fut versé aux mains dudit du Vallion, qui n'en a jamais rendu compte.

Enfin le vaisseau fit route pour la Martinique, suivant mes instructions. « Il resta à bord dudit navire plusieurs différentes marchandises de la cargaison... qui ne furent pas négociées, — montant à environ 1,800 livres. Il mourut, par le peu de soin et d'attention dudit Le Brun du Vallion et du chirurgien, pendant la traversée, 23 desdits nègres, en sorte qu'ils n'en restait plus à bord, lors de l'arrivée dudit navire devant le Fort-St-Pierre de la Martinique, que 144 [2].

» Le navire ayant dépassé sans avoir pu entrer audit lieu,... par l'empêchement des courants et brisants [3], ledit du Vallion Le Brun envoya son canot à terre pour demander du secours, — et il fut envoyé le bateau de la douane... dans lequel il fut embarqué le nombre de 122 noirs, et il en resta à bord 20 des plus beaux et qui furent choisis sur toute la partie pour le compte de la société, avec 2 pour celui dudit du Vallion ; « toute la cire et la morfil mentionnés ci-dessus » restaient aussi sur la *Marie-Anne*, ainsi que « les marchandises rapportées de la côte de Guinée invendues,... plus une partie... de la pacotille du suppliant, dudit Le Brun et dudit du Clos Fresnel. »

« L'embarquement de ces 122 noirs fut, avec raison, si pressé, que du Clos Fresnel, » qui descendit avec eux à la Martinique,

---

1. En Bretagne, on jauge les bottes par veltes, chaque velte estimée 4 pots, c'est-à-dire 8 pintes mesure de Paris. (Savary, *op. cit.*, au mot *Botte*). « A Nantes, on donne 29 veltes par barrique » [ou botte]. (*Idem*, au mot *eau-de-vie*). La pinte de Paris valait, en mesure décimale, 0 lit. 931.

2. Nous reviendrons sur cette question de la mortalité à bord des négriers en traitant du commerce des nègres sous l'ancien régime.

3. Les courants et les récifs de la côte, ne pouvaient interdire l'accès de la rade à un navire en bon état, en temps ordinaire. Mais les vents étaient contraires, sans doute, et l'aspect du ciel menaçant, puisque Maugeis écrit plus bas : « L'embarquement... *avec raison* si pressé... »

« emporta uniquement ce qui était sur lui. Tout le reste du chargement... demeura à la direction dudit sieur du Vallion Le Brun, auquel le sieur du Clos Fresnel recommanda fortement d'en prendre soin et d'en rendre un compte exact » suivant les ordres reçus.

« Du Vallion, qui n'avait manqué de faire pour leur exécution les plus fausses promesses, » fit voile vers Saint-Domingue. En route on aperçoit un petit bâtiment espagnol. Voilà que Le Brun se met à sa poursuite sous pavillon français, lui envoie plusieurs boulets de sa pièce de chasse. L'Espagnol, stupéfait de ce procédé, amène ses voiles et attend notre vaisseau. Du Vallion, continuant à tirer, lui commande alors de venir dans sa pirogue, avec ses officiers, à bord de la *Marie-Anne*. Pendant que l'étranger se met en devoir d'obéir, le bâtiment français dirige toujours son feu sur l'espagnol, Le Brun fait arborer pavillon anglais, ordonne à ses officiers de l'appeler non pas du Vallion, mais Jolicœur, et leur distribue d'autres noms de fantaisie. Les Espagnols, arrivés à son bord, furent naturellement convaincus qu'ils avaient affaire avec un pirate, ce que du Vallion confirma aux malheureux épouvantés.

Pour mériter tout à fait le nom de forban, du Vallion n'avait plus qu'à devenir pillard : il ne recula pas devant cette extrémité. Quatre hommes de la *Marie-Anne*, sous la direction du chirurgien et d'un certain Gérard qui, de la Martinique, était venu trouver Le Brun, fouillèrent tout le bâtiment espagnol, bouleversèrent son chargement, y volèrent un millier de piastres [1], deux épées à poignées d'argent, du sucre blanc et diverses autres marchandises, et une négresse.

En l'absence de du Clos Fresnel, resté à la Martinique, c'était le deuxième lieutenant Villeneuve Piednoir qui devait faire fonction de second à bord de la *Marie-Anne*. Mais du Vallion obliga son

---

1. La piastre espagnole, ou pièce de huit, ou réale de huit, valait 60 sols de France, à raison de 7 s. 6 d. la réale. (Savary, *op. cit.*, aux mots *Piastre* et *Réale*).

équipage à reconnaître en cette qualité le sieur Gérard et tint Piednoir aux arrêts forcés.

Sur le vaisseau espagnol que venait de piller ce Gérard par ordre de Le Brun, se trouvait, en qualité de passager, M. Buisson, frère de M. Buisson de la Vigne [1], de Saint-Malo. Apprenant que du Vallion était aussi de cette ville, Buisson lui dit que lui en était parti depuis 15 à 16 ans et qu'il allait y retourner pour voir sa famille. « Il pria du Vallion d'avoir quelque considération pour lui. » Mais Le Brun, sans cacher son rôle de pirate amateur : Je connais le sieur de la Vigne Buisson, et il a un petit intérêt dans mon navire, mais je ne vous épargnerai pas plus que les autres. Et, en effet, une des épées à poignée d'argent volées par du Vallion appartenait à M. Buisson (l'autre était au capitaine espagnol).

Son coup fait, Le Brun « congédia ledit capitaine espagnol, son équipage et ledit sieur Buisson, et continua sa route, » pour Saint-Domingue. Il arriva en janvier 1731 à Saint-Louis [2]. Le bateau espagnol y aborda presque en même temps, et aussitôt son commandant et M. Buisson firent leur déposition au greffe de l'amirauté. « Ensuite de quoi ledit sieur Buisson se transporta au Petit-Goave [3], pour y porter sa plainte à M. le général [4], qui, l'ayant reçue, envoya de ses gardes... arrêter du Vallion... » Celui-ci, interrogé par le général, ne fut pas en état de justifier sa conduite. Le général, par une grâce spéciale, à la sollicitation de plusieurs personnes de Léogane qui implorèrent sa clémence

1. Sans doute aïeul maternel de Châteaubriand. « BUISSON (DU), sieur de la Vigne... Un capitaine de vaisseau de la Cie des Indes, chevalier de St-Louis, annobli en 1776, père de la femme de Chateaubriand. » (*Nobiliaire et armorial de Bretagne*, par P. de Courcy.) Le Buisson de la Vigne mentionné dans notre texte était sans doute celui qui mourut à 69 ans en janvier 1743 après avoir été directeur pour la Cie des Indes dans l'Inde (*Arch. de Saint-Malo*, GG 114, reg.).

2. Au sud-est de la presqu'île de l'Artibonite (Saint-Domingue).

3. Dans la presqu'île de l'Artibonite, sur la côte nord-est.

4. Gouverneur de l'île. C'était alors M. de la Roche-Allard, qui fut remplacé, cette année même par le marquis de Vienne de Busserolles et nommé chef d'escadre (A. Dessalles, *Histoire générale des Antilles*, Paris, 1847-1848, 5 in-8°; tome IV, p. 301).

et obtinrent que le procès ne serait pas fait à du Vallion Le Brun,
le condamna seulement » à restituer à l'Espagnol tout ce qu'il
lui avait volé, déclarant qu'à cette condition seule il permettrait
à la *Marie-Anne* de quitter Saint-Louis.

Revenu à Saint-Louis, du Vallion se rendit non loin de là,
chez mon frère, qui devait aider Le Brun à gérer les effets restés
à bord et lui fournir le nécessaire pour son retour en France.
Du Vallion lui conta que j'avais armé la *Marie-Anne*, mais que
je n'avais aucun intérêt dans la cargaison. Mon frère offrit
quand même ses services, mais Le Brun répliqua : Je n'ai pas
besoin de vous, ni de personne; le navire et la cargaison m'ap-
partiennent et j'en ferai ce que bon me semblera.

Il lui sembla bon de vendre à son profit personnel les 22 nègres
restés à bord, la cire, l'ivoire, et tout ce qui restait de la
pacotille et des objets d'échange non employés, — dont il retira
en tout une trentaine de milliers de livres; « ce que le suppliant
n'a appris que par amis, n'ayant jamais reçu de son capitaine que
des lettres tout à fait écartées de présomption de sa coupable
conduite. » Avec les trente mille francs qu'il avait ainsi
détournés, du Vallion mena une vie de débauches scandaleuses.
Les colons ne voulaient jamais confier le moindre chargement de
sucre à un commandant de navire si compromis et de si peu de
probité, bien qu'il n'y eût alors presque pas de navires en rade
de Saint-Louis. Enfin Le Brun passa, « avec le nommé Baron,
de Saint-Malo, une police d'affrétement de sucres, sur le pied
d'un sol la livre net, dans un temps que le cours ordinaire était
de deux ! Quelques habitants profitèrent de l'occasion et passèrent
des polices pour le restant du chargement. »

Puis du Vallion déserta, abandonnant son vaisseau, abandonnant son équipage. Vingt hommes de la *Marie-Anne*
étaient morts de diverses maladies, plusieurs à la suite d'excès,
faute de surveillance, faute de soins assidus, faute aussi de bonne
nourriture. Douze autres étaient gravement malades.

« Le voyage se perpétuait et augmentait dépenses et salaires de plus de six mois, puisque le départ devait se faire en mars. » Peu s'en fallut que le navire ne fût vendu et son produit abandonné aux affréteurs, faute de partir pour transporter ces sucres qu'il s'était engagé à mener en Europe. Mais Villeneuve Piednoir et de Saint-Germain s'arrangèrent « personnellement avec ces affréteurs pour l'exécution des ruineux marchés de du Vallion. » On convint que le bâtiment partirait pour Le Havre.

Sur ces entrefaites, Le Brun n'ayant pas restitué au bateau espagnol tout ce qu'il y avait volé, le gouverneur de Saint-Domingue envoya des huissiers pour lui faire sommation à bord de la *Marie-Anne*. On répondit « qu'il y avait longtemps qu'on n'avait vu du Vallion. » Le gouverneur s'opposa aussitôt au départ du navire; mais enfin la capture et l'emprisonnement du coupable firent lever cette défense et le vaisseau put se rendre au Havre sous le commandement de Piednoir. Mais pour le mettre en état de revenir en Europe, les affréteurs ont dû faire une avance de 6,000 livres, à la condition que cette somme serait déduite du fret qu'ils avaient à payer pour leur sucre.

Quant à du Vallion, avant son emprisonnement il s'était entendu avec un capitaine anglais pour se faire transporter à la Martinique, où il espérait continuer en sûreté sa vie de débauches. Enfermé dans une forteresse, il s'y fit enlever par ce capitaine et par les hommes de son équipage. Qu'est-il devenu ?

Deux nouveaux fonds d'archives. — La pièce dont je viens de donner un résumé est extraite des archives de l'amirauté de Saint-Malo (Procédures, liasse de 1732). J'ai eu le bonheur de découvrir en mars 1889, au tribunal de commerce de Saint-Malo, le pendant des fonds d'archives anciennes que j'avais découverts à Nantes en septembre 1888 [1] : celui de l'ancien consulat et celui de l'ancienne amirauté de cette ville.

1. Et dont j'ai fait usage le premier, dans la seconde partie d'un mémoire relatif à la Piraterie sur l'Atlantique au XVIIIe siècle (*Annales de Bretagne* d'avril 1890).

En voici le détail :

1° Fonds de l'Amirauté

A. Registres. 182, embrassant une période de 112 années, de 1678 à 1790 ; savoir :

119 registres d'audience numérotés, allant de 1678 à 1790.

42   —   —   —   1602-1790.

11 registres d'enregistrement de contrats de vente et de contrats de société pour des navires, 1681-1790.

10 registres de ventes de navires faites à l'amirauté, 1717-1790.

B. Liasses. 115 liasses de procédures, comprenant 33,353 pièces, 1679-1790.

2° Fonds du Consulat [1]

A. Registres. 267, embrassant une période de 108 années de 1682 à 1790, savoir :

262 registres d'audiences, numérotés, en deux séries, 1682-1763 et 1763-1790.

1 registre de soumissions de caution, 1759-1769.

2 registres de copies de lettres des juges et consuls, 1768-1785.

1 registre d'enregistrement de lettres-patentes, arrêts, édits et déclarations, 1784-1788.

1 registre d'arrêts au sujet des toiles de Bretagne, 1737-1773.

Ce registre n'est pas indiqué dans le répertoire dont je parlerai tout à l'heure.

B. Liasses (Faillites et procédures diverses). 13,362 pièces en 107 liasses. D'après le répertoire, il devrait y avoir en outre, dans la liasse de 1790, deux « paquets cachetés ; » vérification faite, je ne les y ai pas trouvés. Par contre, j'ai trouvé une liasse de 82 pièces de procès-verbaux de saisies de toiles (1739-1782) non mentionnée à l'inventaire. — Aucune pièce pour les années 1696 et 1697.

Observations sur les deux fonds d'archives ci-dessus. — Celui de l'amiranté est passablement conservé, car la majeure partie de ce qui manque au tribunal de commerce de Saint-Malo est déposé, classé et inventorié aux archives de l'administration de la Marine à Saint-

---

1. Comme juridiction et comme représentation commerciale. A Saint-Malo et à Nantes la juridiction consulaire faisait fonction de représentation commerciale (Voir notre mémoire sur J.-P. Vigneu, *Annales de Bretagne,* de nov. 1890)

Servan. On trouvera, en effet, dans ce dernier dépôt toute une section (C⁴ II) sous le titre : Archives des tribunaux d'amirauté. Cette section comprend 239 registres, liasses ou cahiers, notamment 84 registres, « d'enregistrement des rapports des capitaines du commerce et corsaires » de 1678 à 1788 [1].

Le fonds du Consulat a bien plus souffert. La partie la plus intéressante serait la correspondance du Consulat comme représentation commerciale. Il ne reste que trois ou quatre registres (dont un ou deux dans les archives municipales de Saint-Malo) de copies des lettres écrites par lui ! Que sont devenus les autres ? Que sont devenues toutes les lettres reçues par le Consulat ? En l'absence de cette masse de documents, il devient extrêmement long et difficile de reconstituer en détail et avec précision l'histoire du commerce malouin au XVIIIᵉ siècle [2].

Le répertoire manuscrit des archives du tribunal de commerce de Saint-Malo, dressé en 1836, indique seulement les liasses, année par année, avec le nombre des pièces contenues en chacune. C'est un travail hâtif et un guide des plus insuffisants. Nous souhaitons qu'un travail de nettoyage, de classement définitif, d'estampillage et d'inventaire détaillé soit confié à une personne bien compétente, à un archiviste de profession ayant fait ses preuves et encore dans la force de l'âge.

Nous ne terminerons pas sans adresser nos vifs remerciements à M. Demalvilain, président du tribunal de commerce de Saint-Malo, qui a autorisé nos recherches. Nous avons reçu aussi du personnel du greffe le meilleur accueil [3].

---

1. Pour détails, voir l'Inventaire sommaire des archives de la Marine de Saint-Servan (Paris, 1886, brochure in-8°). Ces archives restent malheureusement ignorées tout à fait du public. Nous en ferons usage incessamment.

2. Les archives départementales d'Ille-et-Vilaine possèdent déjà 11 registres d'audience de la juridiction de l'ancien Consulat de Saint-Malo, compris entre les années 1599 et 1664 ; et une liasse d'actes du greffe de cette même juridiction, allant de 1699 à 1787.

3. D'après les renseignements que nous avons été heureux de leur adresser, MM. Stein et Langlois viennent d'indiquer aux historiens le dépôt d'archives du tribunal de commerce de Saint-Malo, dans une œuvre dont il serait certes difficile de dire plus de bien qu'elle ne le mérite et qui fait honneur aussi à l'éditeur qui a entrepris cette série de publications (*Manuels de bibliographie historique*. I : *Les Archives de l'Histoire de France, en France et à l'étranger*, par Ch.-V. Langlois et H. Stein ; Paris, gd. in-8°. En cours de publication et en souscription chez l'éditeur A. Picard). — Dans l'intérêt des historiens bretons surtout, nous avons cru devoir parler plus longuement de ce dépôt d'archives, que ne pouvaient le faire MM. Stein et Langlois, auxquels l'espace est naturellement mesuré.

Typ. Oberthür, Rennes—Paris (582-92).